러시아어
필수관용구
300

KB009799

러시아어 필수관용구 300

초판 인쇄 2022년 10월 10일
초판 발행 2022년 10월 15일

지은이 강유영
펴낸이 이찬규
펴낸곳 북코리아
등록번호 제03-01240호
주소   13209 경기도 성남시 중원구 사기막골로 45번길 14
       우림라이온스밸리2차 A동 1007호
전화   02-704-7840
팩스   02-704-7848
이메일 ibookorea@naver.com
홈페이지 www.북코리아.kr
ISBN   978-89-6324-891-2 13790

값 12,000원

러시아어 필수관용구 300

강유영 지음

PREFACE

플렉스(FLEX) 러시아어는 한국외국어대학교가 개발한
전문적인 외국어능력시험으로, 외국어 사용에 대한 전반적인
능력을 공정하고 균형 있게 평가할 수 있게 해준다. 이 시험은
듣기, 읽기, 쓰기, 말하기의 능력을 고르게 측정할 수 있는
효과적인 언어능력 평가로서 대외적으로 정부, 준정부기관,
지자체, 공공기관, 공기업 등은 물론 국내 그룹사, 기업체,
외국계회사, 대학교, 특목중, 특목고 등에서 외국어능력
평가의 기준으로 인정받아 입사, 승진, 인사, 해외파견, 입학,
졸업, 학점인정 등의 평가자료로 널리 활용되고 있다.

필자는 플렉스 러시아어 시험 대비반을 맡아 수년간
러시아어 강사로 활동하면서 시험에서 많은 비중을 차지하는

동의어·관용구 부분에 관한 자료가 상당히 부족하다는 것을 깨달았다.

관용구 부분은 뜻을 모르면 정답을 틀릴 수밖에 없는 난이도가 있는 부분이다. 시중에 관련 자료, 서적 등의 도움을 받을 수 있는 자료들이 전무하여 수험생들의 어려움이 잇따르는 것을 보며, 관용구집을 만들어 해당 시험을 준비하는 수험생들을 돕고자 하였다.

본 관용구집은 300개의 관용구와 각 1개씩의 예문으로 구성되어 있다. 관용구들은 플렉스 러시아어 시험에 출제되었거나 다년간 출제빈도가 높은 관용구들만 가려서 뽑은 것으로, 시험을 대비하는 데 필수로 알아 두어야 할 관용구들이다. 관용구의 뜻은 대부분 의역이지만, 이해에 도움이 될 만한 직역도 함께 추가하였다. 또한 빠른 이해를 돕기 위해 우리나라 속담, 사자성어, 관용구, 비유적인 표현 등으로 해석한 부분도 있다. 따라서 플렉스 러시아어 시험을 준비하는 수험생들이 시험을 대비하기에 부족함이 없을 것이며, 러시아어 관용구에 관심 있는 독자들도 부담 없이 흥미롭게 볼 수 있을 것이다.

마지막으로 본 관용구집이 세상의 빛을 볼 수 있게 해주신 북코리아 출판사 이찬규 대표님과 직원분들께 진심으로 감사의 말씀을 드린다. 본 관용구집의 집필 여부를 앞두고 실시한 설문조사에 응해주신 수강생분들께도 감사의 말씀을 전하고 싶다. 아울러 본 관용구집을 집필에 온전히 집중할 수 있게 도와주신 사랑하는 가족들께 이 책을 바친다.

2022년 9월

강유영

일러두기

러시아어 동사가 있는 관용구는 대부분 불완료상과 완료상,
즉 한 쌍으로 표기하였지만, 몇몇 관용구는 불완료상 또는 완료상으로만
표기한 것들이 있다. 이러한 관용구들은 불완료상 또는 완료상과 더 자주
결합되어 표현되는 관용구들이다.

- 예문에서 관용구에 해당하는 부분은 밑줄로 표기하였다.
- 비유적인 표현으로 해석을 한 경우 설명으로 표기하였다.
- 해석 중 단어의 뜻이 필요한 경우 설명으로 표기하였다.
- 관용구에서 생략될 수 있는 단어는 설명으로 표기하였다.
- 유사관용구, 직역, 설명이 필요한 부분은 '•'로 표기하였다.

001   загнать в угол
위기로 몰다*

Дима загнал себя в угол своими словами.

지마는 자신의 말로 스스로를 위기로 몰아 넣었다.

● 직역: 구석으로 몰다

002   как две капли воды
꼭 닮다, 판박이다, 붕어빵이다*

Эти сёстры как две капли воды.

이 자매는 매우 닮았다.

● 직역: 두 개의 물방울처럼

003 в мгновение ока
매우 빨리°

При ядерном взрыве всё может исчезнуть
в мгновение ока.

원자 폭탄이 터질 시 모든 것이 눈 깜짝할 사이에 사라질 수 있다.

● 직역: 눈 깜짝할 사이에

004 вбивать-вбить в голову
세뇌시키다, 암기시키다, 설득하다°

Не дай ему тебе вбить в голову такую
идеологию.

그가 그런 사상을 너에게 세뇌시키도록 두지 마.

● 직역: 머릿속에 집어넣다

005 играть с огнём
매우 위험한 행동을 하다°

Не играй с огнём. Расскажи ему всю правду.

불장난 하지 마. 그에게 진실을 말해.

● 직역: 불장난하다

006 белая ворона
남들과는 다른 사람, 공동체와 어울리지 못하고
튀는 사람, 유별난 사람°

В классе Анна была белой вороной.

반에서 안나는 유별났다.

● 직역: 하얀 까마귀

007 не в своей тарелке
불편하다, 안절부절 못하다*

На вечеринке гость чувствовал себя не в своей тарелке.

파티에서 손님은 불편함을 느꼈다.

● 직역: 자신의 그릇이 아닌

008 как рыба в воде
자연스럽다, 편안하다*

В незнакомой компании Олег чувствовал себя как рыба в воде.

올렉은 낯선 무리 속에서 어색해하지 않았다.

● 직역: 물 만난 고기

009 выводить-вывести из себя
격분시키다, 화나게 하다, 미치게 하다

Грубость всегда выводит меня из себя.

무례함은 항상 나를 격분시킨다.

010 устраивать-устроить сцену
공공연하게 앞뒤 사정 가리지 않고 격분하다*

Она устроила парню сцену, когда увидела
его с другой девушкой.

다른 여자와 있는 남자친구를 보자마자 그녀는 무턱대고 화를 냈다.

● 직역: 말썽 또는 분쟁을 만들다

011 сбивать-сбить с толку
혼란시키다, 당황하게 하다

Вы меня сбили с толку своими разговорами.

당신은 당신이 한 이야기로 나를 혼란스럽게 만들었어요.

012 ни рыба ни мясо
이도 저도 아니다, 모호하다, 죽도 밥도 아니다*

Новый специалист был ни рыба ни мясо.

새 전문가는 이도 저도 아니었다.

● 직역: 생선도 고기도 아니다

013 **ни встать ни сесть**
비좁다, 안절부절 못하다 **

Комната была такой маленькой, что ни встать ни сесть.

앉지도 서지도 못할 정도로 방이 작았다.

- 직역: 앉지도 서지도 못하다
- 주로 쓰이는 의미는 '비좁다'이며, 때에 따라 '안절부절 못하다'로 사용되기도 함.

014 **как грибы после дождя**
우후죽순 *

В нашем городе появляются кафе как грибы после дождя.

우리 도시에는 카페가 우후죽순으로 생겨나고 있다.

- 직역: 비온 뒤 버섯들처럼

015 **как гром среди ясного неба**
마른 하늘에 날벼락처럼

Беда обрушилась неожиданно, как гром среди ясного неба.

불행이 마른하늘에 날벼락처럼 갑자기 발생했다.

016 **жить как кошка с собакой**
늘 반목하고 다투며 산다*

Они живут как кошка с собакой.

그들은 늘 다투며 산다.

● 직역: 개과 고양이처럼 산다

017 **как небо и земля**
매우 다르다*

Две подруги разные как небо и земля.

두 친구는 서로 너무 다르다.

● 직역: 하늘과 땅처럼

018 **как свои пять пальцев**
매우 잘 안다*

Антон знает город как свои пять пальцев.

안톤은 도시를 꾀고 있다.

● 직역: 자신의 다섯 손가락처럼

019 как снег на голову
갑자기, 뜻밖에 *

Я на улице случайно, как снег на голову, нашла крупную сумму денег.

나는 길거리에서 우연히 뜻밖에 거액의 돈을 주웠다.

● 직역: 머리 위에 눈 떨어지듯

020 провалиться сквозь землю
한순간에 사라지다, 창피를 당하다 **

Я хотела провалиться сквозь землю и ни с кем не общаться.

나는 누구와도 대화하고 싶지 않고 그저 사라지고 싶었다.

● 직역: 땅으로 꺼지다
● 주로 쓰이는 의미는 '한순간에
사라지다'이며, 때에 따라 '창피를
당하다'로 사용되기도 함.

021 искать ветра в поле
헛수고하다, 소득 없는 일을 하다*

Преступник мог выехать за пределы города.
Тогда ищи ветра в поле.

범죄자가 이미 도시를 벗어났을 수 있다. 그렇다면 모래사장에서
바늘 찾기이다.

● 직역: 들판에서 바람을 찾다

022 валять дурака
빈둥거리다

Почему эти люди любят валять дурака?

왜 이 사람들은 빈둥거리는 것을 좋아하지?

023 оборотная сторона медали
(사건, 현상 등의) 이면 또는 부정적인 면, 양날의 검*

Мы решили лететь на самолёте, чтобы прибыть пораньше. Но у любой медали есть оборотная сторона: наш рейс задержали на десять часов.

우리는 일찍 도착하기 위해 비행기를 타기로 했다. 그러나 모든 경우에는 이면이 있다: 비행은 10시간이나 지연되었다.

● 직역: 메달의 반대쪽

024 глаза на мокром месте
울다

От чего у тебя глаза на мокром месте?

넌 무엇 때문에 울고 있니?

025 заварить кашу
(작은) 일을 크게 만들다*

Раз уже заварил кашу, то сам и расхлёбывай.

네가 벌인 일이니까 네가 책임져.

● 직역: 죽을 만들다

026 ни за что на свете
어떤 일이 있다 하더라도, 절대

Дима ни за что на свете не предаст нас.

지마는 절대 우리를 배신하지 않을 거야.

027 скрепя сердце
마지못해, 할 수 없이

Отец <u>скрепя сердце</u> отпустил сына в далёкую поездку.

아버지는 마지못해 아들의 장거리 여행을 허락해 주었다.

028 сгореть со стыда
부끄러워서, 창피해서 어쩔 줄 모르다

Упав на сцене, Коля был готов <u>сгореть со стыда</u>.

무대에서 넘어진 꼴랴는 창피해 어쩔 줄 몰랐다.

029 потерять голову
어찌할 바를 모르다, 이성을 잃다

Дима встретил красивую девушку и потерял голову.

지마는 아름다운 여성을 만난 후 어찌할 바를 몰랐다.

030 мутить воду
(상황이나 환경을) 혼란스럽게 만들다

Он уже целую неделю говорит что-то непонятное, точно воду мутит.

그는 일주일 내내 이해할 수 없는 말을 해, 혼란을 주려는 게 분명해.

031 сиять как медный самовар*
매우 기뻐하다*

Директор ко мне в офис примчался, <u>сияет как медный самовар</u>.

사장은 매우 기뻐하며 내가 있는 사무실로 황급히 왔다.

- 유사관용구: сиять как начищенный самовар 또는 сиять как масленый блин
- 직역: 구리 사모바르(러시아의 차 끓이는 주전자)처럼 빛나다

032 принимать близко к сердцу
과민 반응하다*

Мой друг всё <u>принимает близко к сердцу</u>.

내 친구는 모든 것에 과민 반응한다.

- 직역: 마음에 가까이 받아들이다

033 внести свою лепту
기여하다

Александр Сергеевич хотел внести свою лепту в решение государственной задачи.

알렉산드르 세르게예비치는 국가적인 문제 해결에 기여하고 싶었다.

034 львиная доля
상당한 부분, 대부분

Ребёнку нужно уделять львиную долю внимания.

아이에게 상당한 부분의 관심을 기울여야 한다.

035 голубая кровь
귀족 가문*

У Ивана Ивановича голубая кровь.

이반 이바노비치는 귀족 출신이다.

● 직역: 푸른 혈통

036 муху не обидеть
선한 사람, 매우 온화한 사람*

Он в жизни мухи не обидел.

그는 생전에 아주 온화했다.

● 직역: 파리조차 괴롭히지 않는다

037 изо всех сил
전력을 다해, 온 힘을 다해

Они бежали <u>изо всех сил</u>, чтобы занять первое место.

그들은 1등을 하기 위해 온 힘을 다해 달렸다.

038 мыльная опера
멜로드라마

Мама каждый вечер смотрит <u>мыльную оперу</u>.

엄마는 매일 저녁 멜로드라마를 본다.

039 довести до белого каления
극도로 격분시키다

Он довёл меня до белого каления.

그는 나를 극도로 격분시켰다.

040 сам по себе
주체적으로

Он живёт сам по себе.

그는 주체적으로 산다.

041 висеть в воздухе
(문제 등이) 붕 떠 있다*

Этот вопрос висит в воздухе, потому что все молчат.

모두가 입을 다물고 있기 때문에 이 문제는 붕 떠 있는 상태다.

● 직역: 공중에 떠 있다

042 крутиться как белка в колесе*
동분서주하다, 분주하다, 바쁘게 일하다*

Он крутится как белка в колесе, но результат никакой.

그는 바쁘게 움직이지만, 결과가 없다.

● 유사관용구: вертеться как белка в колесе
● 직역: 쳇바퀴 다람쥐처럼 돌다

043 на носу
(시간적 의미로) 코앞에 있다

Новый год на носу.

새해가 코앞이다.

044 под носом
(공간적 의미로) 코앞에 있다

Под носом враги.

적이 코앞에 있다.

045 **ДЛИННЫЙ ЯЗЫК**
입이 가볍다*, 험담을 많이 한다*

Он не умеет хранить секреты. У него длинный язык.

그는 비밀을 지킬 줄 모른다. 그는 입이 가볍다.

- 하면 안 되는 이야기도 다 한다는 의미.
- 직역: 긴 혀

046 **семь пятниц на неделе**
매우 변덕스럽고 신뢰할 수 없는 사람*

У него семь пятниц на неделе.

그는 매우 변덕스럽다.

- 직역: 일주일에 일곱 번의 금요일

047 спустя рукава
되는대로, 대충

Вася, хватит работать спустя рукава!

바샤, 대충 일하지 마!

048 засучив рукава
열심히 •

Все работают засучив рукава.

모두 열심히 일한다.

● 직역: 소매를 걷어붙이고

049 адский
지독한

Скоро наступит адская жара.

곧 지독한 더위가 시작될 것이다.

050 как по маслу
순조롭게

Всё прошло как по маслу.

모든 것이 순조롭게 진행되었다.

051 на брата
각자, 각각

Мама раздала воду по кружке на брата.

엄마는 각각 물 한 컵씩 나누어 주었다.

052 битый час
꼬박 한 시간, 오랜 시간

Я тебя битый час ждал!

내가 너를 꼬박 한 시간 기다렸어!

053 **не за горами**
곧, 머지않다*

Экзамены не за горами.

시험이 머지 않았다.

● 직역: 산 뒤에 있다

054 **денег куры не клюют**
돈이 어마어마하게 많다*

У арабских бизнесменов денег куры не клюют.

아랍 사업가들은 돈이 무진장 많다.

● 직역: 닭들은 돈을 쪼지 않는다

055 ставить-поставить с ног на голову

완전히 왜곡하다

Лена, ну как же ты любишь преувеличивать! Опять всё с ног на голову поставила!

레나, 어쩌면 그렇게 과장하길 좋아하니! 또 모든 것을 왜곡했네!

056 нужен как рыбе зонтик

전혀 필요로 하지 않다*

Мне твои советы нужны как рыбе зонтик.

너의 충고는 필요 없다.

● 직역: 물고기에게 우산이 필요 없듯

057 звёзд с неба не хватать
특출나지 않다 *

Он звёзд с неба не хватает, но своё дело знает.

그는 특출나지 않지만, 자신이 해야 할 일을 안다.

● 직역: 하늘에서 별을 따지 않는다

058 по душе
마음에 들다.

Этот человек мне по душе.

이 사람은 내 마음에 든다.

059 ИДТИ ПО ГОЛОВАМ
온갖 수단과 방법을 가리지 않고 자신의 목적을 달성하다

Он шёл по головам, чтобы занять хорошую должность.

그는 좋은 직위를 차지하기 위해 수단과 방법을 가리지 않았다.

060 ЖИТЬ СВОЕЙ ГОЛОВОЙ
주체적으로 살다, 소신대로 살다

Антон живёт своей головой.

안톤은 주체적으로 살고 있다.

061 с головой
똑똑하다, 총명하다

С детства Дима с головой.

어린시절부터 지마는 똑똑하다.

062 приставать-пристать как банный лист
귀찮게 하다

Ну чего ты пристал как банный лист, Петя?

빼쨔, 넌 도대체 왜 귀찮게 하는 거야?

063 ломать голову
고심하다

Мы долго ломали голову над данной проблемой.

우리는 오랫동안 이 문제에 대해 고심했다.

064 мартышкин труд
헛수고*

Это всё оказалось мартышкиным трудом.

모든 것이 헛수고였다.

● 직역: 원숭이의 노동

065 душа не лежит
관심이 없다, 내키지 않다

Моя душа не лежит к рисованию.

나는 그림에 관심이 없다.

066 хоть шаром покати
아무것도 없다, 완전히 비어있다, 텅 비다[*]

В холодильнике хоть шаром покати.

냉장고에 아무것도 없다.

● 직역 : 공이라도 굴려라

067 ангельское терпение
대단한 인내력, 대단한 참을성*

Нужно иметь ангельское терпение, чтобы работать с ним.

그와 일하기 위해서는 대단한 인내력이 필요하다.

● 직역: 천사의 인내

068 бабушкины сказки
꾸며낸 이야기, 허구, 거짓*

Не слушай его! Это всё бабушкины сказки.

그의 말을 듣지 마! 전부 꾸며낸 이야기야.

● 직역: 할머니의 전래동화

069 душа в пятки ушла
매우 놀라다, 넋이 나가다[*]

Увидев чудовище, у меня душа в пятки ушла.

괴물을 보자마자 나는 매우 놀랐다.

● 직역 : 영혼이 발뒤꿈치로 떠나갔다

070 в центре внимания
모두가 주목하는 사건 또는 인물, 주목 속, 관심 속

С детства Даша обожала быть в центре внимания.

어린 시절부터 다샤는 주목받는 것을 좋아했다.

071 ждать у моря погоды
노력하지 않고 막연히 결과만을 기다리다 •

Не стоит ждать у моря погоды, нужно действовать.

막연히 기다리지 말고 행동해야 한다.

● 직역: 해변에서 날씨를 기다리다

072 брать-взять за сердце
마음을 사로잡다, 설레게 하다

Новый роман взял за сердце.

새 소설은 마음을 사로잡았다.

073 разбивать-разбить сердце
마음을 아프게 하다, 상처를 주다

Она разбила ему сердце.

그녀는 그에게 상처를 주었다.

074 попадаться-попасться на глаза
눈에 띄다

В книжном магазине попалась мне на глаза очень интересная книга.

서점에서 매우 재미있는 책이 눈에 띄었다.

075 **не в духе**
기분이 안 좋다, ~할 기분이 아니다

Я не в духе рассказывать.

말할 기분이 아니야.

076 **мир тесен**
갑작스러운 만남[*]

Мы не знали, что Антон и Анна знакомы.
Мир тесен, оказывается.

우리는 안톤과 안나가 아는 사이라는 것을 몰랐다. 세상 좁다.

● 직역: 세상 좁다

077 ветер в голове
경박하다, 경솔하다, 생각이 없다*

Он сказал, что у меня ветер в голове.

그는 나보고 생각이 없다고 말했다.

● 직역: 머리에 바람이 들어가다

078 сыт по горло
충분하다*

Люди сыты по горло бесконечными
обещаниями и требуют перемен.

사람들은 끝없는 약속에 지쳐 변화를 요구한다.

● 직역: 목구멍까지 차오르다

079 гол как сокол
아무것도 없다, 빈털터리다[*]

Он гол как сокол.

그는 가진 게 없다.

● 직역: 매처럼 벌거벗은

080 прятать-спрятать голову в песок
(문제, 현실 등을) 회피하다[*]

Он не из тех, кто прячет голову в песок.

그는 문제를 회피하는 사람은 아니다.

● 직역: 모래 속에 머리를 숨기다

081 с грехом пополам*
겨우, 간신히*

Вася получил диплом с грехом пополам.

바샤는 간신히 졸업장을 받았다.

● 직역: 반절의 죄 또는 반절의 잘못을
가지고

---

082 глазом не моргнуть
눈 하나 깜짝 안 하다*, 고민하지 않고 곧장**

Ситуация была очень опасная, но матрос и глазом не моргнул.

상황은 매우 위험했지만 선원은 눈 하나 깜짝 안 했다.

● 태도나 기색이 아무렇지 않은 듯
예사롭게 굴다.
●● 때에 따라 '고민하지 않고
곧장'이라는 의미로도 사용됨.

---

083 ставить-поставить точку
끝내다, 마치다[*]

Несмотря на его щедрость, я твёрдо
решил поставить точку в нашем с ним
сотрудничестве.

그의 관대함에도 불구하고 나는 그와의 협력을 끝내기로 굳게
결심했다.

● 직역 : 마침표를 찍다

084 находить-найти общий язык
말이 통한다[*]

Антон умеет находить с людьми общий язык.

안톤은 사교성이 좋다.

● 직역 : 공통의 언어를 찾다

085 жить душа в душу
사이 좋게 지내다*

Бабушка и дедушка живут душа в душу 50 лет.

할머니와 할아버지는 50년 동안 사이좋게 지내고 있다.

● 직역 : 마음 대 마음으로 살다

086 выходить-выйти из себя
자제력을 잃다, 분개하다

Я вышел из себя, когда узнал правду.

나는 진실을 알고 난 후 냉정함을 잃었다.

087 грызть гранит науки
매우 열심히 공부하다

Все школьники знают, что им нужно грызть гранит науки.

모든 학생들은 열심히 공부해야 한다는 것을 안다.

● 직역: 학문의 화강암을 갉아먹다

088 ни свет ни заря
매우 일찍

Сегодня я встал ни свет ни заря.

오늘 나는 매우 일찍 일어났다.

● 직역: 빛도 노을도 아닌

089 держать язык за зубами
비밀을 지키다*

Они умеют <u>держать язык за зубами</u>.

그들은 비밀을 지킬 줄 안다.

● 직역: 치아 뒤로 혀를 붙잡고 있다

090 на седьмом небе
매우 행복하다*

Я был буквально <u>на седьмом небе</u> от того, что наконец-то обрёл долгожданную свободу.

나는 드디어 기다리고 기다리던 자유를 얻어 말 그대로 매우 행복했다.

● 직역: 일곱 번째 하늘에서

091 брать-взять за горло
긴장시키다, 걱정시키다

Кризис взял всю страну за горло.

위기는 온 나라를 긴장에 빠뜨렸다.

092 брать-взять себя в руки
진정하다

Как взять себя в руки и контролировать свои эмоции?

어떻게 하면 스스로를 진정시키고 감정을 통제할 수 있을까?

093 в подмётки не годится
~보다 훨씬 안 좋다

Нынешний театр в подмётки не годится прежнему.

현재의 극장이 예전만 못하다.

094 быть вне себя
분노하다, 격분하다

Он был вне себя от ярости, когда ему приходилось работать с головной компанией.

모 회사와 일을 해야 할 때마다 그는 분노에 휩싸였다.

095 за душой ничего нет
가난하다, 가진 게 없다

У нашего соседа за душой ничего нет.

우리의 이웃사촌은 가난하다.

096 давать-дать слово
약속하다˚

Он дал слово, что не будет больше делать.

그는 더 이상 하지 않겠다고 약속했다.

● 직역: 말을 주다

097 не ударить в грязь лицом
망신당하지 않다, 체면을 잃지 않다

Спортсмен упорно тренировался, чтобы не ударить в грязь лицом на соревнованиях.

운동선수는 대회에서 체면을 잃지 않기 위해 열심히 훈련했다.

098 под одной крышей
한집에서 (살다 또는 있다)*

Это глупо, жить под одной крышей, и ничего не знать друг о друге.

한 지붕 아래 살면서 서로에 대해 아무것도 모르고 사는 것은 어리석은 일이다.

● 직역: 한 지붕 아래에 (살다 또는 있다)

099 язык без костей
생각 없이 말하다[*]

У него язык без костей, и он может сказать что угодно.

그는 생각 없이 말하는 사람이라 무엇이든 말할 수 있다.

● 직역: 뼈가 없는 혀

100 войти во вкус
빠지다, 중독되다, 재미 붙이다[*]

Раньше я не любила рисовать, а теперь вошла во вкус.

예전에는 그림 그리기를 싫어했는데 지금은 그림에 재미를 붙였다.

● 직역: 맛들이다

101 уши вянут
듣기 싫다*

От твоей болтовни уши вянут.

너의 헛소리가 듣기 싫다.

● 직역: 귀가 시들었다, 귀가 힘을 잃었다

---

102 проглотить язык
말이 안 나오다, 아무 말을 못하다*

Студент покраснел и проглотил язык.

학생은 얼굴이 빨개지면서 아무 말도 못했다.

● 직역: 혀를 삼키다

103 мурашки по коже°
소름이 돋다, 소름이 끼치다°

У меня от этого фильма побежали мурашки по коже.

이 영화를 보고 소름이 끼쳤다.

- 유사관용구: мурашки по спине 또는 мурашки по телу
- 직역: 개미들이 피부를 따라 (기어가다)

104 вешать собак
비난한다, 뒤집어 씌우다

На меня и тогда вешали собак за эту акцию.

그때도 그들은 이 행동으로 나를 비난했다.

105 метод проб и ошибок
시행착오

Метод проб и ошибок является фундаментальным методом решения проблем.

시행착오는 문제 해결의 기본적 방법이다.

106 брать-взять в толк
이해하다

Я никак не мог взять в толк, что ему от меня нужно.

나는 그가 나에게 무엇을 원하는지 알 수가 없었다.

107 воды в рот набрать
입을 다물다, 꿀 먹은 벙어리처럼 잠자코 있다°

Он стоял, смотрел по сторонам и ничего не говорил как воды в рот набрал.

그는 서서 주위를 둘러보며 아무 말도 하지 않고 입을 다물었다.

● 직역: 물을 입에 머금다

108 как сыр в масле кататься
부유하게 살다, 풍족하게 살다

Павел устроился на новую работу и теперь как сыр в масле катается.

빠벨은 새 직장을 구했고 지금은 풍족하게 살고 있다.

109 лёд тронулся
진전되다, 진행되다˚

С приходом нового учителя наконец-то <u>лёд тронулся</u>.

새로운 선생님의 등장으로 드디어 일이 진행되었다.

● 직역: 얼음이 움직이기 시작했다

---

110 лить как из ведра˚
비가 쏟아 붓다, 비가 많이 내리다˚

Дождь с утра до вечера лил <u>как из ведра</u>.

비는 아침부터 저녁까지 쏟아졌다.

● 항상 비와 연관되어 사용됨.
● 직역: 양동이에서 (붓는 것처럼) 쏟아지다

111 **ума не приложить**
이해 할 수 없다

Я просто ума не приложу, почему так мало людей выбирают себе эту профессию.

왜 그렇게 소수의 사람들이 이 직업을 선택하는지 이해할 수 없다.

112 **не в своём уме**
제정신이 아니다

Старик был не в своём уме.

노인은 제정신이 아니었다.

113 приходить-прийти на ум*
생각나다, 머릿속에 (생각 또는 아이디어가) 떠오르다

Ей вдруг пришла на ум сногсшибательная идея.

그녀에게 갑자기 놀라운 아이디어가 떠올랐다.

● 유사관용구: приходить-прийти в голову

114 бросаться-броситься в глаза
눈에 띄다, 주의를 끌다*

Он вошёл в свою комнату. Письмо на столе бросилось ему в глаза.

그는 그의 방으로 들어갔다. 편지가 그의 눈에 띄었다.

● 직역: 눈에 들어오다

115 **бросаться-броситься в нос**
확 풍기다, 코를 찌르다°

Эта сметана бросилась мне в нос.

이 사워크림은 내 코를 찔렀다.

● 직역: 코에 들어오다

116 **бросаться деньгами**
돈을 낭비하다°

Не стоит бросаться деньгами.

돈을 낭비하지 말아야 한다.

● 직역: 돈을 던지다

117 бросаться словами
함부로 말하다, 무책임하게 말하다[*]

Она всё время бросается словами.

그녀는 늘 함부로 말한다.

● 직역 : 말을 던지다

118 со всех ног
전속력으로, 엄청 빠르게

Ребята бежали со всех ног.

아이들은 전속력으로 달렸다.

119 опускать-опустить нос
낙심하다*

Все опускать-опустить нос и стали думать, что делать.

모두 낙심하여 어떻게 해야 할지 생각하기 시작했다.

● 직역: 코가 축 늘어지다

---

120 краска бросилась в лицо*
얼굴이 빨개지다

Краска бросилась в его лицо во время беседы.

대화하는 동안 그의 얼굴이 빨개졌다.

● 유사관용구: кровь бросилась в лицо

---

121 ВХОДИТЬ-ВОЙТИ В ПЛОТЬ И КРОВЬ
피와 살이 되다 °

Всё изученное входит в плоть и кровь вашего нравственного и умственного образования.

배운 모든 것은 당신의 도덕과 지적 형성의 피와 살이 된다.

● 직역: 살과 피가 되다

122 как на иголках
안절부절 못하다, 가시방석이다 °

Последние дни перед отъездом он чувствовал себя как на иголках.

떠나기 전 마지막 날 그는 안절부절 못했다.

● 직역: 바늘 위에 있는 것처럼

123 делать из мухи слона
과장하여 말하다, 침소봉대하다°

Он почти не изменился: даже сохранилась школьная привычка делать из мухи слона.

그는 변한 게 거의 없었다. 과장하여 말하던 학창시절 버릇조차 그대로였다.

● 직역: 파리를 코끼리로 만들다

124 дело пахнет керосином
위험한 상황, 심각한 상황°

Кажется, наше дело пахнет керосином.

우리의 일은 매우 위험한 것 같다.

● 직역: 일에서 휘발유 냄새가 난다

125 **голова идёт кругом**
머리가 복잡하다 •

У него уже голова идёт кругом от учёбы.

그는 학업 때문에 이미 머리가 복잡하다.

● 직역 : 머리가 돈다

126 **спуститься с небес на землю**
현실로 돌아가다 •

Проблемы государственных школ можно решить, но для этого надо спустится с небес на землю и всё рассчитать.

국립학교의 문제는 해결할 수 있지만, 이를 위해서는 현실로 돌아와 모든 것을 고려해야 한다.

● 직역 : 하늘에서 땅으로 내려오다

127 писать-написать как курица лапой*

(글씨가) 삐뚤게, (글씨가) 불명확하게, (글씨가) 흐릿하게●

Пишу я и до сих пор как курица лапой.

나는 여전히 글씨를 삐뚤게 쓴다.

● 글씨와 관련되어 사용됨.
● 직역: 닭이 발로 쓰는 것처럼 쓰다

128 мухи дохнут

지루하다●

Да, папа, от твоих историй мухи дохнут.

아빠, 아빠 이야기는 너무 지루해.

● 직역: 파리가 (지루해서) 죽을 지경이다

129 без году неделя
극히 최근에, 불과 얼마 전

Он в нашей фирме работает без году неделя.

그가 우리 회사에서 일한 지 얼마 안 됐다.

130 попасть под горячую руку
불똥을 맞다

Ему не повезло. Он просто попал под горячую руку.

그는 운이 나빴다. 그저 튀는 불똥을 맞았을 뿐이다.

131 держать на расстоянии
멀리하다°

На расстоянии нужно держать ненадёжных людей.

믿을 수 없는 사람들은 거리를 두어야 한다.

● 직역: 거리를 두다

132 нипочём
아무것도 아니다, 식은 죽 먹기, 무섭지 않다

Такой холод ему нипочём.

이런 추위는 그에게 아무것도 아니다.

133 волосы дыбом
소스라치게 놀라다 *

От твоего рассказа у меня волосы дыбом встали.

네 얘기에 나는 소스라치게 놀랐다.

● 직역 : 머리카락이 곤두서다

134 встать не с той ноги
이유 없이 기분이 나쁘다, 이유 없이 짜증이 나다

Мы просто встали не с той ноги.

우리는 이유 없이 기분이 나쁘다.

135 два сапога пара
(성질, 특징, 상태 등이) 닮았다 ••

Братья Меркуловы – два сапога пара.

메르쿨로프 형제는 매우 닮았다.

- 직역: 두 부츠가 한 켤레이다
- 부정적인 의미로 사용됨.

136 съесть глазами
뚫어지게 쳐다보다 •

Он меня чуть не съел глазами.

그는 나를 뚫어져라 쳐다보았다.

- 직역: 눈으로 먹다

137 **умывать руки**
책임을 넘기다, 책임을 탈피하다[*]

Полиция давно умыла руки, и
расследованием убийства никто не
занимался.

경찰은 오래 전에 손을 뗐고, 아무도 살인사건을 조사하지 않았다.

● 직역: 손을 씻다

138 **как в воду кануть**
흔적 없이 사라지다[*]

Она уехала с детьми к дальним
родственникам в Сибирь, и как в воду
кануло всё семейство.

그녀는 아이들과 함께 시베리아에 있는 먼 친척들 집에 갔고,
온 가족은 흔적도 없이 사라졌다.

● 직역: 물에 빠지듯

139 что есть силы
온 힘을 다해

Он ударил по двери, что есть силы, и она открылась.

그가 온 힘을 다해 문을 치자, 문이 열렸다.

140 до поры до времени
당분간

Это всё будет продолжаться до поры до времени.

이것은 당분간 계속될 것이다.

141 **допотопный**
낡은, 구식의

Как долго ты будешь работать на этом
<u>допотопном</u> компьютере?

이 낡은 컴퓨터로 얼마나 오래 일할 거야?

142 **бросить перчатку**
도전장을 내밀다, 결투를 신청하다, 전쟁을 선포하다 •

Пушкин <u>бросил перчатку</u> и вызвал
соперника на дуэль.

푸쉬킨은 도전장을 내밀며 상대에게 결투를 신청했다.

● 직역: 장갑을 던지다

143 брать-взять пример
본받다[●]

Преподаватель посоветовал нам брать пример с отличника Антона.

선생님은 우리에게 우등생인 안톤을 본받으라고 조언했다.

● 직역: 예를 가져오다

144 держать слово
약속을 지키다

Дима всегда держал слово.

지마는 항상 약속을 지켰다.

145 взяться за ум
신중해지다, 철이 들다

После армии Антон наконец-то взялся за ум.

안톤은 군대를 다녀온 후 드디어 철이 들었다.

146 брать-взять за живое
아픈 곳을 찌르다

Этот рассказ взял его за живое.

이 이야기는 그의 아픈 곳을 찔렀다.

147 в один голос
만장일치로 •

Все в один голос не одобрили этот проект.

모두가 만장일치로 이 프로젝트를 반대했다.

● 직역: 한 목소리로

148 как за каменной стеной
든든하다 •

Сын с отцом как за каменной стеной.

아들은 아버지와 함께 있으면 든든하다.

● 직역: 돌담 뒤에서처럼

149 брать-взять за душу
(기쁨, 그리움, 슬픔 등의 다양한 감정을) 불러일으키다

Музыка взяла его за душу.

음악은 그의 마음을 사로잡았다.

150 падать-пасть духом
낙심하다, 기가 죽다, 의욕을 상실하다*

Не падай духом, если рядом семья.

곁에 가족이 있다면 기죽지 말아라.

● 직역: 영혼 또는 정신이 쇠약해지다

151 **не из робкого десятка**
용감한, 대담한

Они оказались не из робкого десятка.

그들은 용감했다.

152 **как собаке пятая нога**
전혀 필요 없다*

Мне эта ручка как собаке пятая нога.

이 펜은 나에게 필요 없다.

● 직역: 개에게 다섯 번째 다리처럼

153 чёрная кошка пробежала
불화가 시작되다, 관계가 멀어지다*

После ссоры между ними словно чёрная кошка пробежала.

논쟁 이후 그들 사이에 불화가 시작되었다.

● 직역: 검은 고양이가 지나갔다

154 кот наплакал
아주 조금*

Он проверил карманы, а монет там - кот наплакал.

그가 주머니를 확인했더니 동전이 몇 개 없었다.

● 직역: 고양이 눈물만큼

155 яблоко раздора
불화의 씨앗, 분쟁의 원인[•]

Новый смартфон стал яблоком раздора между братьями.

새 스마트폰은 형제들 사이에 불화의 씨앗이 되었다.

● 직역: 불화의 사과

156 ахиллесова пята
아킬레스건, 약점

У каждого человека есть своя ахиллесова пята.

사람마다 자신만의 약점이 있다.

157 ОТ СИЛЫ
기껏해야

Ты потратишь на это задание от силы
полчаса.

너 이 과제를 하는 데 기껏해야 30분 걸리잖아.

158 С ГОЛОВЫ ДО НОГ
꼼꼼하게, 공들여, 주의 깊게*

Доктор осмотрел меня с головы до ног.

의사는 꼼꼼하게 나를 진찰했다.

● 직역: 머리부터 발끝까지

159 **не покладая рук**
부지런히®

Он всегда работает не покладая рук.

그는 항상 열심히 일한다.

● 직역: 손을 놓지 않고

160 **как черепаха**
거북이처럼 매우 느리다

Автобус ползёт как черепаха.

버스는 매우 느리게 간다.

161 считать ворон
집중하지 않다, 빈둥거리다[*]

Антон на уроках математики считает ворон.

안톤은 수학시간에 집중하지 않는다.

• 직역 : 까마귀를 세다

162 на славу
성공적으로, 훌륭하게

Выступление удалось на славу.

공연은 성공적이었다.

163 валить-свалить с больной головы на здоровую

(잘못, 문제, 실수 등을) 전가하다 또는 떠넘기다

Валить с больной головы на здоровую всё-таки не годится.

문제를 전가하는 것은 좋지 않다.

164 водой не разольёшь

실과 바늘, 대단히 친밀한

Я думал, что вас водой не разольёшь.

나는 당신들이 대단히 친밀하다고 생각했다.

165 намылить шею*

주먹으로 때리다

Антон намылил шею Диме за враньё.

안톤은 거짓말한 지마를 주먹으로 때렸다.

● 유사관용구: намылить голову

166 прятать-спрятать концы в воду

흔적을 없애다*

Это самый оригинальный способ спрятать концы в воду.

이것은 흔적을 없애기에 아주 좋은 방법이다.

● 직역: 끝을 물에 숨기다

167 носить воду решетом
쓸데없는 일을 하다, 비생산적인 일을 하다[*]

Пытаться тебя переубедить - это <u>носить воду решетом</u>.

너를 설득시키는 일은 쓸데없는 일이다.

● 직역: 체로 물을 나르다

168 зуб на зуб не попадает
심한 추위에 떨다, 오한을 느끼다

По утрам <u>зуб на зуб не попадает</u>.

아침마다 매우 춥다.

169 толочь воду в ступе
시간 낭비하다, 쓸데없는 일을 하다*

Спорить с дедушкой было так же бесполезно как толочь воду в ступе.

할아버지와의 논쟁은 시간낭비하는 것처럼 무익했다.

● 직역: 절구에 물을 찧다

170 белены объелся
미치다

Что ты, дядюшка, белены объелся?

뭐야, 삼촌, 미쳤어?

171 **знать толк**
잘 알다[*]

Он знает толк во всём.

그는 모든 것에 대해 잘 안다.

● 직역: 의미를 알다

172 **волк в овечьей шкуре**
위선자[*]

Иногда приходится быть волком в овечьей шкуре.

때로는 위선자가 되어야 한다.

● 직역: 양의 탈을 쓴 늑대

173 брать-взять на пушку
(상대방을 속이면서) 위협하다, 협박하다*

Они просто хотели взять нас на пушку.

그들은 그저 우리를 위협하려 했을 뿐이다.

● 직역: 대포를 잡다

174 идти в ногу
보조를 맞추다

Совет Безопасности также должен идти в ногу со временем, если не хочет утратить свою правомочность.

안전보장이사회도 정당성을 잃지 않으려면 시대에 보조를 맞추어야 한다.

175 безвыходное положение
사면초가, 궁지°

Они находятся в безвыходном положении.

그들은 궁지에 몰린 상태이다.

● 직역: 절망적인 상황

176 медвежья услуга
득보다 실이 더 많은 도움, 불필요한 참견

Мне не нужна твоя медвежья услуга.

너의 득보다 실이 더 많은 도움은 나에게 필요 없다.

177 через пень-колоду
그럭저럭, 대충[*]

Иван делает всю работу через пень-колоду.

이반은 모든 일을 대충 한다.

● 직역 : 통나무 그루터기를 통해

178 держать в ежовых рукавицах
엄격히 다루다, 엄격히 관리하다[*]

Мой отец держит меня в ежовых рукавицах.

나의 아버지는 나를 엄격하게 대한다.

● 직역 : 고슴도치의 벙어리장갑에
쥐고 있다

179 начать с чистого листа
새롭게 시작하다

Она начала жизнь с чистого листа. Она начала заниматься спортом и правильно питаться.

그녀는 삶을 새롭게 시작했다. 그녀는 운동과 올바른 식사를 하기 시작했다.

180 к лицу
(옷, 머리 스타일 등이) 어울리다

Вам к лицу эта шапка.

이 모자는 당신에게 어울려요.

181 знать назубок
통달하다, 외우다

Иван знает назубок таблицу умножения.

이반은 구구단을 줄줄 잘 외운다.

182 клевать носом
꾸벅꾸벅 졸다[*]

Сидя перед телевизором дедушка клевал носом.

할아버지는 TV 앞에 앉아 졸고 있었다.

● 직역: 코로 쪼다

183 до свадьбы заживёт
걱정할 것 없다, 별일 없을 것이다

Не плачь! До свадьбы заживёт.

울지 마! 별일 없을 거야.

184 невооружённым глазом
육안으로, 첫눈에, 쉽게

Такие дефекты видны даже невооружённым глазом.

이러한 결함은 육안으로도 볼 수 있다.

185 тёмный человек
나쁜 사람, 사악한 사람[*]

Он очень тёмный человек.

그는 매우 나쁜 사람이다.

● 직역: 어두운 사람

186 с петухами
매우 이른 아침에[*]

Мы привыкли вставать с петухами.

우리는 일찍 일어나는 데 익숙하다.

● 직역: 수탉들과 함께

187 вставлять палки в колёса
방해하다*

Не вставляй мне палки в колёса, я должен закончить это дело.

방해하지 마. 나는 이 일을 끝내야 해.

● 직역: 바퀴에 막대기를 넣다

188 бесструнная балалайка
허풍쟁이, 수다쟁이*

Вася всё время говорил как бесструнная балалайка.

바샤는 끊임없이 허풍쟁이처럼 떠들었다.

● 직역: 현이 없는 발랄라이카(러시아 현악기)

189 ручаться головой
전적인 책임을 지다, 목숨을 걸고 보장하다 •

Ручаюсь головой, что мой друг говорит правду.

친구가 진실을 말하는 것에 목숨 걸고 보장한다.

● 직역: 머리를 걸고 책임지다

190 заячья душа
겁쟁이 •

У него заячья душа.

그는 겁쟁이다.

● 직역: 토끼의 마음

191 вставить пять копеек
개입하다, 끼어들다, 오지랖 부리다

Она опять вставила свои пять копеек в наш разговор.

그녀는 또다시 우리 대화에 끼어들었다.

192 пройти огонь и воду
갖은 풍파를 다 겪다°

Он прошёл огонь и воду.

그는 갖은 풍파를 다 겪었다.

● 직역: 불과 물을 통과하다

193 играть первую скрипку
주도적인 역할을 하다, 통솔하다

Кто в ваших отношених играет первую скрипку?

너희의 관계에서 누가 주도권을 쥐고 있니?

194 болеть душой
몹시 걱정하다 [*]

Все члены семьи болеют душой за будущий урожай.

가족 모두가 향후 수확에 대해 몹시 걱정하고 있다.

● 직역: 마음이 아프다

195 вот где собака зарыта

문제의 핵심, 문제의 본질[*]

Бюрократизм! Вот где собака зарыта.

관료주의! 이것이 문제의 본질이었다.

● 직역: 여기가 바로 개가 파묻힌 곳이다

196 класть-положить зубы на полку

입에 풀칠하다, 겨우 살아가다

Если мы не будем учиться, то придётся класть зубы на полку.

공부하지 않으면 입에 풀칠해야 한다.

197 как с гуся вода
개구리 낯짝에 물 붓기*

Мальчика отругали, а ему <u>как с гуся вода</u>.

야단맞은 소년은 아무렇지도 않았다.

● 어떤 자극을 주어도, 어떤 처사를
당해도 태연하다

198 без лишних слов
군말 없이, 불필요한 말로 시간을 허비하지 않고

<u>Без лишних слов</u> он принялся за работу.

그는 군말 없이 일을 시작했다.

199 родился в рубашке
운이 좋은 사람*

Он родился в рубашке.

그는 운이 굉장히 좋다.

● 직역: 셔츠를 입고 태어났다

---

200 лица нет
(강한 충격, 공포 등으로) 얼굴이 창백하다*

На тебе лица нет.

네 얼굴이 창백하다.

● 직역: 얼굴이 없다

201 уйти в себя
(생각, 고민, 걱정 등에) 깊이 잠기다

Он на несколько минут ушёл в себя.

그는 몇 분간 깊은 생각에 잠겼다.

202 заблудиться в трёх соснах
단순하거나 간단한 일에서 헤매다[*]

Ты будто в трёх соснах заблудился с этим заданием.

너는 단순한 업무로 너무 헤매고 있는 것 같아.

● 직역: 세 그루의 소나무에서 길을 잃다

203 сосед по парте
짝꿍 •

На уроке биологии мой сосед по парте спросил у учителя.

생물 시간에 내 짝꿍은 선생님께 물었다.

• 직역: 책상 이웃

204 с глазу на глаз
단둘이 대면하다, 일대일로 •

Важно пообщаться с глазу на глаз с клиентом.

고객과 일대일로 대화하는 것이 중요하다.

• 직역: 눈에서 눈으로

205 **сесть в лужу**
난처한 상황에 빠지다*

Я знаю, что делать, чтобы не сесть в лужу.

난처한 상황에 빠지지 않기 위해 무엇을 해야 할지 알고 있다.

● 직역 : 웅덩이에 앉다

206 **большая шишка**
거물, 큰 인물, 유력자, 대단한 인물*

В прошлом его отец был большой шишкой.

과거에 그의 아버지는 대단한 사람이었다.

● 직역 : 큰 솔방울

207 горит в руках
척척 빠르게 진행되다°

Ирина не боится работы, у неё в руках всё горит.

이리나는 일을 두려워하지 않으며, 그녀의 손을 거치면 모든 게 척척 진행된다.

● 직역: 손에서 탄다

208 западать-запасть в душу
인상에 깊이 남다

Их слова глубоко запали мне в душу.

그들의 말은 내 마음속 깊이 남았다.

209 уйти несолоно хлебавши
기대를 달성하지 못하고 빈손으로 돌아가다,
기대하던 것을 얻지 못하고 빈손으로 가다

Он ушёл домой несолоно хлебавши.

그는 기대하던 것을 얻지 못하고 빈손으로 집에 갔다.

210 идти в гору
(일, 사업 등이) 발전하다, 성장하다, 나아지다*

У него бизнес идёт в гору.

그의 사업은 번창하고 있다.

● 직역: 산으로 걸어가다

211 **морочить голову**
기만하다, 우롱하다°

Ты только не морочь мне голову.

나를 기만하지 마.

● 직역: 머리를 속이다

212 **убить время**
시간을 때우다°

Чтобы как-то убить время, мы решили переброситься в картишки.

어떻게든 시간을 때우기 위해 우리는 카드 놀이를 하기로 결정했다.

● 직역: 시간을 죽이다

213 на птичьих правах
비공식적으로, 불법적으로[*]

Он у нас живёт на птичьих правах.

그는 우리 집에 임시로 살고 있다.

● 직역: 새의 법으로

214 зайти на огонёк
지나가다 잠시 들르다[*]

Я зайду к тебе на огонёк.

너에게 잠시 들를게.

● 직역: 작은 불빛을 보고 잠깐 들르다

215 и на солнце есть пятна
누구나 단점은 있다, 완벽한 사람은 없다•

Не переживай, на солнце есть пятна.

걱정하지 마, 완벽한 사람은 없어.

• 직역: 태양에도 점이 있다

216 бросать-бросить камень
비난하다•

Не позорьте её, не бросайте камня.

그녀를 모욕하지 마, 비난하지 마.

• 직역: 돌을 던지다

217 вкладывать душу
전력을 다하다, 혼신의 힘을 다하다

Мы душу вкладываем в то, что любим.

우리는 좋아하는 것에 전력을 다한다.

218 верёвки вить
(자신의 목적에 따라) 사람을 교묘하게 이용하다●

Она вьёт верёвки из своего парня.

그녀는 남자친구를 이용하고 있다.

● 직역: 줄을 감다

219 от нечего делать
심심풀이로, 지루해서

От нечего делать он снова начал играть в компьютерные игры.

그는 할 일이 없어서 다시 컴퓨터 게임을 시작했다.

220 тянуть канитель
(일 등을) 질질 끌다

Тянуть канитель было утомительно.

질질 끄는 것이 피곤했다.

221 в двух шагах
매우 가깝다•

Баня находится в двух шагах от дома.

목욕탕은 집에서 매우 가깝다.

• 직역: 두 걸음이다

222 мотать нервы
짜증나게 하다, 신경질 나게 하다, 화를 돋구다

Он всё время мотает нервы родителям.

그는 항상 부모님의 신경을 건드린다.

223 ЛИШИТЬСЯ ЧУВСТВ
기절하다, 정신을 잃다

От сильного страха она лишилась чувств.

그녀는 심한 공포감으로 기절했다.

224 тютелька в тютельку
아주 정확히

Надо приехать тютелька в тютельку.

정각에 도착해야 한다.

225 до лампочки
아무렇든 상관없다

Ему всё было до лампочки.

그는 아무렇든 상관없었다.

226 до последней нитки°
몽땅, 모조리, 완전히°

Я промок до нитки.

나는 흠뻑 젖었다.

- последней 생략 가능
- 직역: 마지막 실까지

227 закрывать глаза

못 본 체하다, 봐주다[*]

Мама часто <u>закрывает глаза</u> на плохое поведение сына.

엄마는 종종 아들의 나쁜 행동을 눈감아 주었다.

● 직역: 눈감다

228 валится из рук

일이 손에 잡히지 않다

Целый день у неё <u>валилась из рук</u> работа.

온종일 그녀는 일이 손에 잡히지 않았다.

229 делать вид
하는 척하다

Дети делают вид, что спят.

아이들은 자는 척한다.

230 реветь белугой
대성통곡하다

Сегодня весь день ребёнок ревёт белугой.

오늘 하루 종일 아기가 대성통곡을 한다.

231 **в два счёта**
매우 빠르게, 단번에

Эту проблему можно решить в два счёта.

이 문제는 단번에 해결할 수 있다.

232 **излить душу**
마음속 깊이 간직한 것을 털어 놓다*

Ей иногда необходимо излить душу.

그녀는 때때로 마음속 깊이 담아둔 것을 털어 놓아야 한다.

● 직역: 마음을 쏟아내다

233 ТОЧИТЬ ЛЯСЫ
빈둥거리다

Точить лясы ему сейчас некогда.

빈둥거릴 시간이 없다.

234 на вес золота
귀하다, 값지다, 매우 귀중하다°

Хорошие врачи сейчас на вес золота.

요즘 좋은 의사들은 귀하다.

● 직역: 금의 무게만큼 (가치가 있다)

235 сравнять с землёй
초토화시키다, 박살내다[*]

Они буквально сравняли с землёй всё, что создавалось месяцами.

그들은 몇 달 동안 만들어진 것들을 말 그대로 초토화시켰다.

● 직역: 땅처럼 평평하게 만들다

236 стреляный воробей
경험이 많은 사람

Ты же стреляный воробей, из любой ситуации выкрутишься.

너는 경험이 많아 어떤 상황에서도 잘 빠져나가잖아.

237 как без рук
꼼짝달싹 못하다[*]

Без тебя я как без рук.

네가 없으면 나는 꼼짝달싹 못해.

● 직역: 손이 없는 것처럼

238 бросать слова на ветер
생각 없이 말하다, 경솔히 말하다[*]

Мой друг слов на ветер не бросает.

내 친구는 생각 없이 말을 하지 않는다.

● 직역: 말을 바람에 던지다

239 на ночь глядя
밤늦게

Анна печёт хлеб на ночь глядя.

안나는 밤늦게 빵을 굽는다.

240 наломать дров
어리석은 행동을 하다 •

Если наломаешь дрова, то разрешить конфликт будет ещё сложнее.

일을 엉망으로 만든다면 갈등 해결은 더 어려워질 것이다.

● 직역: 장작을 패다

241 кормить завтраками
약속을 반복적으로 미루면서 이행하지 않다,
변명을 대며 일을 미루다●

Если человек продолжает <u>кормить</u>
<u>завтраками</u>, я просто перестаю
поддерживать с ним всякую связь.

나는 약속을 반복적으로 미루면서 이행하지 않는 사람과는 더 이상
관계를 유지하지 않는다.

● 직역: 아침밥을 먹이다

242 с умом
신중하게, 현명하게

Антон <u>с умом</u> распланировал свой день.

안톤은 하루를 신중하게 계획했다.

243 ОДЕТЬСЯ С ИГОЛОЧКИ
완전히 새것, 막 지은 것, 막 만든 것

На концерт он пришёл одетый с иголочки.

콘서트에 그는 새 옷을 입고 왔다.

244 козёл отпущения
희생양

Они нашли козла отпущения.

그들은 희생양을 찾았다.

245 крокодиловы слёзы
거짓 눈물 •

Дядя проливал крокодиловы слёзы по утерянному коту.

삼촌은 잃어버린 고양이에 대해 악어의 눈물을 흘렸다.

• 직역 : 악어의 눈물

246 водить за нос
속이다

Мне кажется, что он водит нас за нос.

그가 우리를 속이고 있는 것 같아.

247 откладывать-отложить в долгий ящик
(일, 결정 등을) 무기한 연기하다

Не откладывая в долгий ящик, они
отправились на море.

그들은 지체 없이 바다로 향했다.

248 держать ухо востро
경계하다, 긴장을 늦추지 않고 주의하다

С ним всё время нужно держать ухо востро.

그와 있을 때는 항상 경계해야 한다.

249 пальчики оближешь
매우 맛있다[*]

Чёрный кофе, яичница с жареным сыром, просто <u>пальчики оближешь</u>.

블랙커피, 튀긴 치즈를 얹은 스크램블에그는 정말 맛있다.

● 직역: 손가락을 핥다

250 вешать лапшу на уши
거짓말하다[*]

Не верь ей! Она тебе <u>лапшу на уши вешает</u>.

그녀를 믿지 마. 그녀는 너에게 거짓말을 하고 있어.

● 직역: 국수를 귀에 걸다

251 развесить уши
관심 있게 듣다, 귀가 얇다°

Она слушала его рассказы, развесив уши.

그녀는 그의 이야기를 관심 있게 들었다.

● 직역: 귀를 걸다

252 глаза на лоб полезли
당황하여 매우 놀라다°

От моего предложения у папы глаза на лоб полезли.

내 제안은 아빠를 매우 놀라게 했다.

● 직역: 눈이 이마로 향했다

253 пропускать-пропустить мимо ушей
한 귀로 듣고 한 귀로 흘리다, 귀담아 듣지 않다,
귓등으로도 안 듣다[•]

Советую не пропустить мимо ушей его слова.

그의 말을 꼭 새겨들으라고 충고할게.

• 직역: 귀 옆으로 흘려보내다

254 пролить море слёз
많이 울다[•]

За всё это время она пролила море слёз.

그동안 그녀는 많은 눈물을 흘렸다.

• 직역: 눈물 바다를 흘리다

255 рвать на себе волосы
매우 후회하다[*]

Горе заставило его рвать на себе волосы.

비극은 그를 후회하게 만들었다.

● 직역: 머리카락을 쥐어뜯다

256 тянуть кота за хвост
꾸물거리다, 머뭇거리다[*]

Нет смысла тянуть кота за хвост.

더 이상 꾸물거리는 것은 의미가 없다.

● 직역: 고양이 꼬리를 잡아당기다

257 спать без задних ног
깊이 잠들다

Там спит без задних ног девушка в
свадебном платье.

저기 웨딩드레스를 입은 아가씨가 깊이 자고 있다.

258 тугой на ухо
잘 듣지 못한다˚

Пациент был тугим на ухо.

환자는 귀가 안 들렸다.

● 직역: 가는 귀가 먹었다

259 сидеть сложа руки
амуточ도 하지 않다°

Я больше не могу сидеть сложа руки.

난 더 이상 손 놓고 앉아 있을 수 없다.

● 직역: 손 놓고 앉아 있다

260 меж двух огней
진퇴양난°

Ольга снова оказался между двух огней.

올가는 다시 진퇴양난에 빠져 있다.

● 직역: 두 개의 불 사이에

261 золотое сердце
착한 마음씨*

У моей бабушки золотое сердце.

우리 할머니는 착한 마음씨를 가졌다.

● 직역 : 비단결 같은 마음

262 осиная талия
잘록한 허리, 개미허리*

Как добиться осиной талии?

잘록한 허리를 갖는 방법은 무엇일까?

● 직역 : 말벌의 허리

263 **до посинения**
오랫동안, 꾸준히, 최선을 다해 *

Она могла до посинения говорить с ним.

그녀는 그와 오랫동안 이야기할 수 있었다.

● 직역: 시퍼래지도록

264 **для галочки**
형식적으로, 의례적으로 *

Надо участвовать в этом собрании для галочки.

이 회의는 의례적으로 참석해야 한다.

● 직역: 체크 표시를 위해

265 мастер на все руки
팔방미인

Мой папа мастер на все руки.

우리 아빠는 팔방미인이다.

266 не от мира сего
현실과는 거리가 먼, 비현실적인°

Она не от мира сего.

그녀는 현실과는 거리가 먼 사람이다.

● 직역: 이 세상의 것이 아닌

267 надуть губы
서운해하다, 삐치다*

Анна надула губы и отвернулась к окну.

안나는 서운해하며 창가로 몸을 돌렸다.

• 직역: 입술을 내밀다

268 светлая голова
이해가 빠르다, 똑똑하다*

У предводителя должна быть светлая голова.

리더는 똑똑해야 한다.

• 직역: 명석한 머리, 똑똑한 머리

269 биться как рыба об лёд
헛된 노력을 하다, 허덕이다°

Отдохни, а то весь месяц бьёшься как рыба об лёд.

한달 내내 고생하는데, 좀 쉬어.

● 직역: 물고기가 (머리로) 얼음을 치는 것처럼 애쓰다

270 сулить золотые горы
너무 많은 약속을 하다, 약속을 과대하게 하다°

Сулили мне горы золотые.

그들은 나에게 너무 많은 약속을 했다.

● 직역: 황금산을 약속하다

271 зарубить себе на носу*

명심하다*

Заруби себе на носу.

똑똑히 기억해 둬.

- себе 생략 가능
- 직역: 코에 (도끼 등으로) 찍어 표시하다

272 висеть на волоске*

위험한 상황에 놓여 있다*

Ты висишь на волоске, а продолжаешь гулять.

너는 위험한 상황인데도 계속 돌아다니고 있네.

- 유사관용구: держаться на волоске
- 직역: 머리카락에 매달려 있다

273 ни души
아무도 없다

Мы пришли на выставку, а там ни души.

우리가 방문한 전시회에는 아무도 없었다.

274 вилами на воде писано°
불확실하다°

Это ещё вилами на воде писано.

이것은 아직 불확실하다.

- 유사관용구: вилами по воде
  писано
- 직역: 갈퀴로 물 위에 쓰여진

275 котелок варит
머리가 잘 돌아간다, 이해 또는 판단력이 좋다

У него очень хорошо котелок варит.

그는 머리가 잘 돌아간다.

● 직역: 냄비가 끓다

276 выпить чашу до дна
온갖 불행 또는 고통을 맛보다

Думаю мы уже достаточно выпили чашу до дна.

우리는 이미 충분히 고통을 맛본 것 같다.

● 직역: 술잔을 바닥까지 마시다

277 за тридевять земель
아주 멀리

Он живёт за тридевять земель.

그는 아주 멀리 산다.

278 от корки до корки
처음부터 끝까지

Я прочитал роман от корки до корки.

나는 소설을 처음부터 끝까지 다 읽었다.

279 бить баклуши
빈둥거리다*

Когда все заняты работой, она бьёт баклуши.

모두들 일로 바쁠 때 그녀는 빈둥거린다.

● 직역: 나뭇조각으로 (바닥 등을) 치다

280 между молотом и наковальней
이러지도 저러지도 못하는 상황, 진퇴양난*

Так Алексей оказался между молотом и наковальней.

알렉세이는 이러지도 저러지도 못하는 상황에 이르렀다.

● 직역: 망치와 뇌관 사이에.
'뇌관'은 포탄이나 탄환 등의 화약을
점화하는 데 쓰는 발화용 금속관을
의미.

281 не лезть за словом в карман
언변이 뛰어나다

Она за словом в карман не лезет.

그녀는 언변이 뛰어나다.

282 витать в облаках
공상하다, 허상에 빠지다 •

Профессор читает лекцию, а Дима витает в облаках.

교수는 강의 중인데, 지마는 공상에 빠져 있다.

• 직역: 구름 속을 떠돌다

283 не жалеть живота своего
목숨을 바치다*

Я, не жалея живота своего, работал и день и ночь.

나는 밤낮으로 목숨 바쳐 일했다.

● 직역: 자신의 배를 아까워하지 않는다

284 быть на руку
유리하다

Этот план был нам на руку.

이 계획은 우리에게 유리했다.

285 скатертью дорога
갈테면 가라, 잘 가라*

Если кто-то хочет уходить - скатертью дорога.

누군가 떠나고 싶다면 조심히 가라.

● '없어도 괜찮다'라는 뉘앙스.

286 пуд соли съесть
동고동락*

Настоящий друг–тот, с кем съел пуд соли.

진정한 친구는 함께 동고동락한 사람이다.

● 직역: 소금 한 뿌드를 먹다
'뿌드'는 러시아 중량 단위.
1뿌드＝16.38kg

287 очертя голову
무턱대고 경솔하게

Он кинулся <u>очертя голову</u> на помощь
незнакомцу.

그는 낯선 사람을 돕기 위해 무턱대고 뛰쳐나갔다.

288 ни зги не видно
아무것도 안 보일 정도로 매우 어둡다

На улице <u>ни зги не видно</u>.

밖은 상당히 어둡다.

289 яблоко от яблони недалеко падает
부전자전°

Как сын Антона?

안톤의 아들은 어떤가요?

Яблоко от яблони недалеко падает.

부전자전이지요.

● 직역: 사과는 사과나무에서 멀지 않게
떨어진다

290 на краю земли
아주 먼 곳°

Захотелось убежать на край земли, чтобы
никого не видеть и не слышать.

아무도 보지도 듣지도 않는 먼 곳으로 떠나고 싶었다.

● 직역: 땅끝으로

291 на блюдечке с голубой каёмочкой

노력하지 않고 쉽게 무언가를 얻다

Всё преподнесено тебе на блюдечке с голубой каёмочкой.

모든 것이 너에게 쉽게 주어진다.

292 не разгибая спины

매우 열심히, 부지런히 •

Мы работали не разгибая спины.

우리는 부지런히 일했다.

● 직역: 허리를 펴지 않고

293 чесать-почесать зубы
쓸데없이 지껄이다

Им лишь бы зубы почесать на скамейке у дома.

그들은 집 근처 벤치에서 쓸데없이 지껄이기만 한다.

294 кусать себе локти
후회하다 •

Оля локти себе будет кусать!

올랴는 후회할 거야.

● 직역: 팔꿈치를 물다

295 под рукой
수중에*

У меня всегда есть блокнот под рукой.

나는 항상 수첩을 가지고 다닌다.

● 직역: 손에

296 навострить уши
귀를 기울이다, 귀담아 듣다

Они навострили уши и пытались уловить каждое слово.

그들은 귀를 기울여 모든 단어를 이해하려고 노력했다.

297 с гулькин нос
매우 적다

Зарплата у него с гулькин нос.

그의 월급은 매우 적다.

298 золотые руки•
손재주가 좋다. 또는 수완이 좋다•

Он может починить всё. У него золотые руки.

그는 무엇이든 고칠 수 있다. 그는 손재주가 좋다.

- 유사관용구: мастер на все руки
- 직역: 금손이다

299

закинуть удочку
떠보다

Чтобы узнать интересную информацию, для начала закинь удочку!

흥미로운 정보를 얻으려면 우선 한번 떠봐!

300

не доходят руки
~할 시간이 없다, 짬이 없다˚

У Саши всё никак не доходят руки до домашнего задания.

사샤는 도저히 숙제할 시간이 없다.

● 직역: 손이 닿지가 않다